I0606129

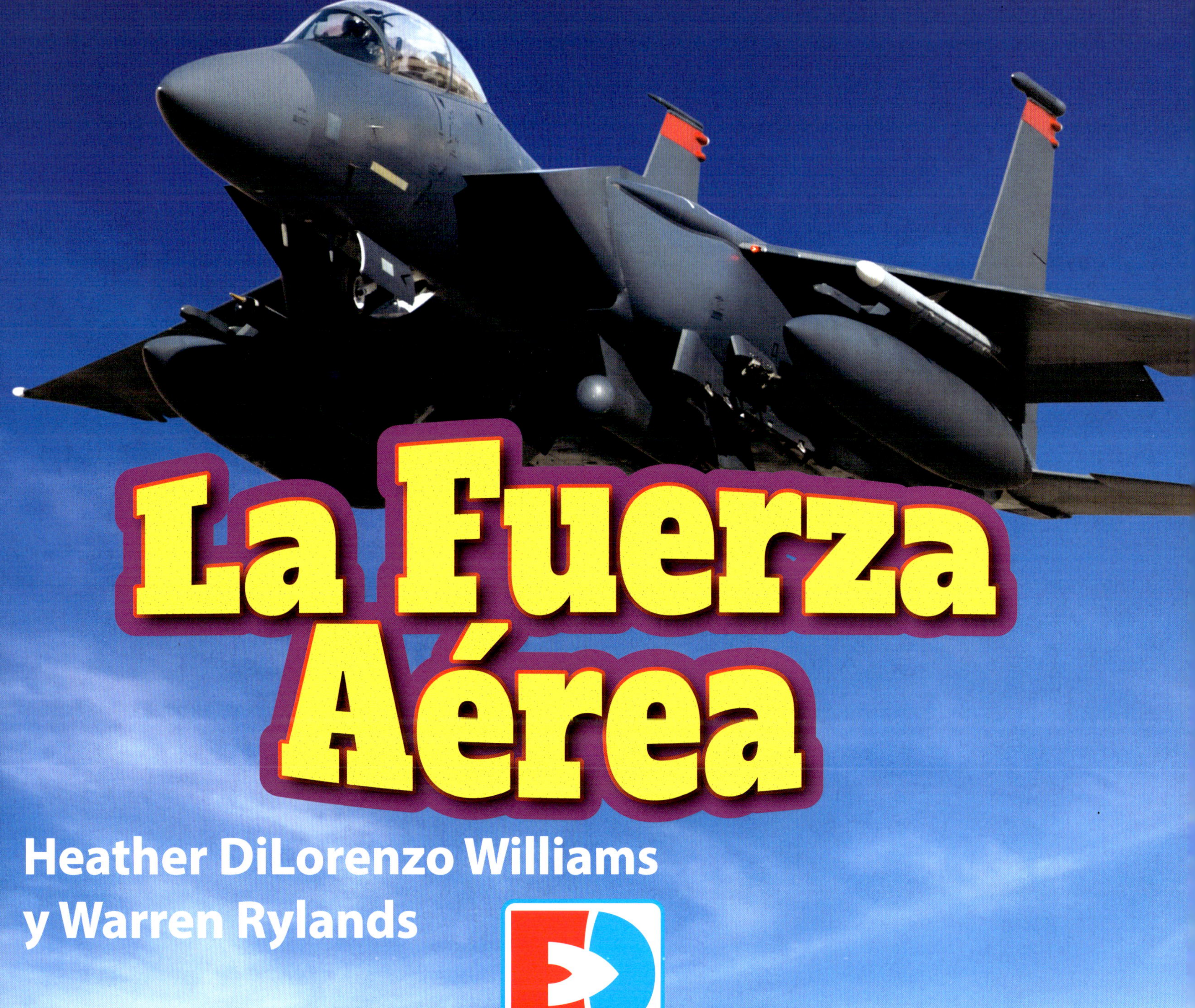

La Fuerza Aérea

Heather DiLorenzo Williams
y Warren Rylands

EYEDISCOVER

Ve a **www.openlightbox.com** e ingresa el código único de este libro.

CÓDIGO DEL LIBRO

AVF83754

EYEDISCOVER te trae libros mejorados por multimedia que apoyan el aprendizaje activo.

Published by Lightbox Learning Inc.
276 5th Avenue, Suite 704 #917
New York, NY 10001
Website: www.openlightbox.com

Library of Congress Control Number: 2021950773

ISBN 978-1-7911-4391-6 (hardcover)

Printed in Guangzhou, China
1 2 3 4 5 6 7 8 9 0 25 24 23 22 21

122021
102521

English Editor: John Willis
Spanish Editor: Ana María Vidal
Designers: Mandy Christiansen
Spanish/English Translator: Translation Services USA

Lightbox Learning Inc. acknowledges Getty Images, Alamy, Shutterstock, iStock, and the U.S. Air Force as the primary image suppliers for this title.

EYEDISCOVER proporciona contenido enriquecido, optimizado para el uso en tabletas, que complementa este libro. Los libros de EYEDISCOVER se esfuerzan por crear un aprendizaje inspirado e involucrar a las mentes jóvenes en una experiencia de aprendizaje total.

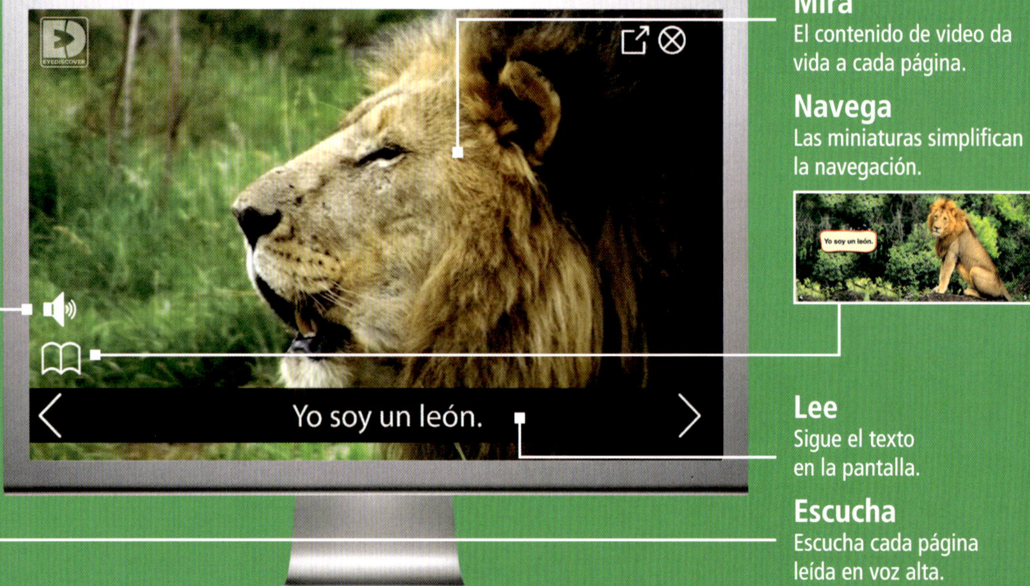

Tu EYEDISCOVER con Seguimiento de Lectura Óptico cobra vida con...

Audio
Escucha todo el libro leído en voz alta.

Video
Los videos de alta resolución convierten cada hoja en un seguimiento de lectura óptico.

OPTIMIZADO PARA
- ✓ TABLETAS
- ✓ PIZARRAS ELECTRÓNICAS
- ✓ COMPUTADORES
- ✓ ¡Y MUCHO MÁS!

La Fuerza Aérea

En este libro aprenderás

- cómo comenzó
- qué hace
- qué herramientas tiene

¡y mucho más!

La Fuerza Aérea de EE.UU. es una de las seis ramas de las Fuerzas Armadas de los Estados Unidos.

6

La Fuerza Aérea usa aviones y helicópteros para proteger a los estadounidenses durante la guerra.

La Fuerza Aérea se creó en 1947. Antes, era parte del Ejército de EE.UU.

9

Los oficiales se entrenan en la Academia de la Fuerza Aérea de Colorado Springs, en Colorado.

WARNING-DO NOT CUT CANOPY
WITHIN 3 INCHES OF CANOPY FRAM
DANGER
EJECTION SEAT
DANGER
DANGER

Una persona debe tener entre 18 y 28 años para empezar el entrenamiento de piloto de la Fuerza Aérea. También debe tener un título universitario y haber estudiado un año en la escuela de pilotos.

El Presidente de los Estados Unidos viaja en un avión de la Fuerza Aérea que se llama *Air Force One*.

F AMERICA

El F-16 es el avión de combate más conocido del mundo. Actualmente, la Fuerza Aérea tiene más de 1000 en uso.

305
W034

Un bombardero furtivo usa tecnología especial para evitar ser detectado por el radar enemigo.

Los tres valores esenciales de la Fuerza Aérea de EE.UU. son la integridad primero, el servicio antes que uno mismo y la excelencia en todo lo que hacemos.

KEITH
U.S. AIR FORCE

LA FUERZA AÉREA EN NÚMEROS

Más de **300 000** estadounidenses sirven en la **Fuerza Aérea** a tiempo completo.

Un **F-16** puede volar a **1500 millas por hora** (2414 kilómetros por hora).

Dos presidentes de EE.UU. sirvieron en la **Fuerza Aérea.**

Para enrolarse en la **Fuerza Aérea** hay que ser mayor de **17 años**.

Hay más de **200** opciones de **carreras** en la Fuerza Aérea.

Un **bombardero furtivo** cuesta **$2000 millones**.

Mira
El contenido de video da vida a cada página.

Navega
Las miniaturas simplifican la navegación.

Lee
Sigue el texto en la pantalla.

Escucha
Escucha cada página leída en voz alta.

Ve a www.openlightbox.com e ingresa el código único de este libro.

CÓDIGO DEL LIBRO

AVF83754